MICHEL ET CHRISTINE,

COMÉDIE-VAUDEVILLE EN UN ACTE,

PAR MM. SCRIBE ET DUPIN,

REPRÉSENTÉE, POUR LA PREMIÈRE FOIS, A PARIS, SUR LE THÉATRE DU GYMNASE, LE 3 DÉCEMBRE 1821.

TROISIÈME ÉDITION.

Conforme à la représentation.

PRIX : 2 FRANCS.

PARIS.

POLLET, LIBRAIRE,

ÉDITEUR DU RÉPERTOIRE DU THÉATRE DE MADAME,

RUE DU TEMPLE, N° 36.

1828.

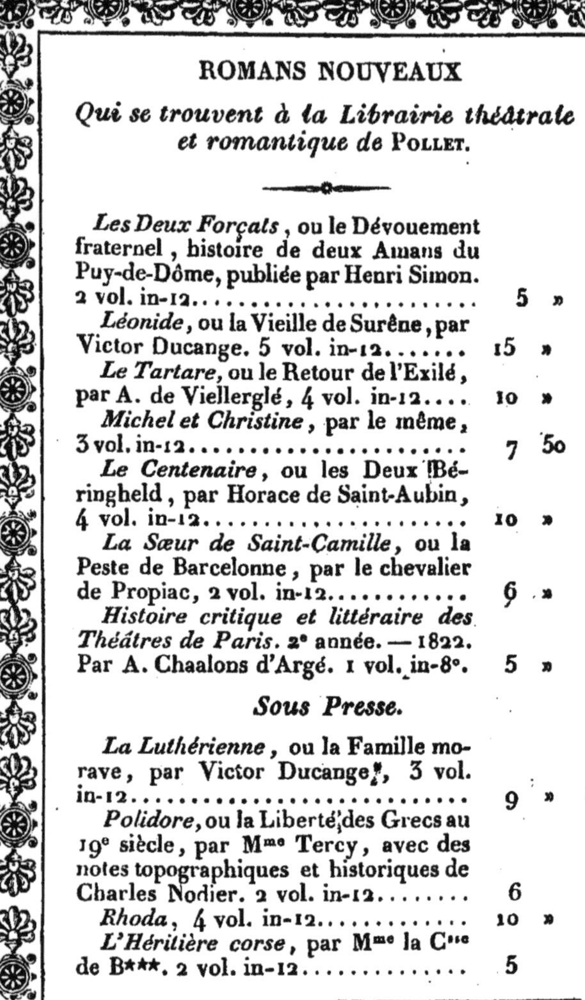

DE L'IMPRIMERIE DE DAVID.

MICHEL
ET CHRISTINE,

COMÉDIE-VAUDEVILLE EN UN ACTE.

RÉPERTOIRE

DU THÉATRE DE S. A. R. MADAME.

A UN FR. LA LIVRAISON,

Sur grand papier vélin satiné, format in-32.

(CHAQUE PIÈCE SE VEND SÉPARÉMENT.)

Cette belle édition, imprimée par Crapelet, contient tous les changemens que les auteurs ont faits pendant le cours des représentations.

Seul Éditeur de toutes les Pièces que M. Scribe a données et donnera par la suite au théâtre de S. A. R. Madame, le libraire Pollet affirme que nul autre que lui ne peut ni ne pourra publier ces Pièces séparément.

Il affirme aussi que personne n'a le droit d'imprimer, dans aucun format, les Pièces nouvelles de cet auteur, représentées ou à représenter, sur les théâtres de son Altesse Royale Madame, du Vaudeville et des Variétés, si ce n'est deux ans après la première représentation de chaque Pièce. Ce droit n'appartient qu'à lui seul, et il s'empresse de faire jouir le Public de ce grand avantage, en publiant les jolies Pièces du *Mariage de Raison*, de *l'Ambassadeur*, et du *Diplomate*.

La Chatte, *les Élèves du Conservatoire*, *la Marraine* et *Yelva*, ne tarderont pas à paraître successivement.

(Voir à la fin de cette Brochure, la nomenclature d'une partie des Pièces qui vont paraître.)

MICHEL ET CHRISTINE,

COMÉDIE-VAUDEVILLE EN UN ACTE,

PAR MM. SCRIBE ET DUPIN,

REPRÉSENTÉE, POUR LA PREMIÈRE FOIS, A PARIS, SUR LE THÉATRE DU GYMNASE, LE 3 DÉCEMBRE 1821.

TROISIÈME ÉDITION.

Conforme à la représentation.

PRIX : 2 FRANCS.

PARIS.

POLLET, LIBRAIRE,

ÉDITEUR DU RÉPERTOIRE DU THÉATRE DE MADAME,

rue du Temple, N° 36.

1828.

PERSONNAGES.	ACTEURS.
STANISLAS, soldat	M. Gontier.
CHRISTINE, jeune aubergiste. . . .	Mlle Fleuriet.
MICHEL, son cousin.	M. Perlet.
GUILLAUME, garçon d'auberge. . .	M. Ludovic.

La Scène se passe dans un village.

Nota. S'adresser pour la musique de cette pièce et pour celle de tous les ouvrages représentés sur le Théâtre de Madame, à M. Théodore, Bibliothécaire et Copiste, au même Théâtre.

Vu au ministere de l'Intérieur, conformément à la décision de Son Excellence, en date de ce jour.

Paris, ce 15 octobre 1827.

Par ordre de Son Excellence,

Le Chef du bureau des Théâtres,

Coupart.

Le Libraire Pollet *étant seul Éditeur des ouvrages de* M. Scribe, *on trouve chez lui tous les Vaudevilles de cet auteur.*

De l'Imprimerie stéréotype de HERHAN, rue des Boucheries Saint-Germain, n° 38.

MICHEL ET CHRISTINE.

Le Théâtre représente un jardin, qui au troisième plan est clos par une haie; au milieu de la haie, une porte d'entrée; au-dessus de la porte d'entrée, une enseigne; à gauche du spectateur, dans l'intérieur du jardin, et sur le deuxième plan, la porte de l'auberge; du même côté, une table en bois et deux chaises; à droite, une table de pierre, un bosquet et un banc de gazon; dans le fond du Théâtre et derrière la haie, une montagne qui domine le Théâtre.

SCÈNE PREMIÈRE.

STANISLAS, GUILLAUME.

(*Au lever du rideau on entend une marche de régiment. Guillaume sort de l'auberge pour l'écouter, et l'on voit Stanislas descendre de la montagne, le sac sur le dos et le fusil sur l'épaule.*)

STANISLAS, *parlant à la cantonade.*

Rendez-vous à la caserne si vous le voulez; moi j'ai des connaissances en ville..... je loge chez le bourgeois. (*au garçon d'auberge.*) Eh bien!... où sont tes maîtres!... où pays... je me suis dit... nous le reverrons, ou il nous donnera de ses nouvelles..... Vous restez quelque temps avec nous?...

STANISLAS.

Deux heures au plus... le temps de se reposer... et en avant, le sac sur le dos...

Air : On dit que je suis maline.

Quelque regret qu'on ait, ma belle,
Dès que le tambour nous appelle,
Faut sur-le-champ être sur pied ;
Adieu l'amour et l'amitié.
A chaque instant changeant de gîte,
Nous sommes forcés d'aimer plus vîte,
Et de régler le sentiment
Sur la marche du régiment.

CHRISTINE.

Votre blessure... vous en êtes-vous ressenti?...

STANISLAS.

Non pas... petite mère... elle a été trop bien soignée... mais je crois que sans vous je quittions le poste... et quand je pense que pendant un mois entier...

CHRISTINE.

Allons... allons, ne parlons plus de cela ; votre présence en ces lieux nous a sauvés de bien d'autres choses... sans vous cette maison peut-être serait brûlée : et moi qui en était la servante, je n'en serais pas aujourd'hui la maîtresse.

STANISLAS.

Comment! mademoiselle Christine, vous êtes la bourgeoise...

CHRISTINE.

C'est une histoire que je vous raconterai... l'auberge, le jardin et ses dépendances, tout cela est à moi... et jugez de mon bonheur... c'est chez moi que je vous reçois. Voulez-vous goûter de mon vin...

(*Elle fait signe à Guillaume d'apporter une bouteille.*)

STANISLAS.

Oui, parbleu!... à condition que pendant ce temps-là... vous me raconterez votre histoire... On n'écoute jamais mieux que quand on boit. (*Il va à la table à gauche, et se verse un verre de vin.*)

CHRISTINE.

Vous savez combien j'étais malheureuse, orpheline, sans fortune, obligée de servir madame Ruders, l'ancienne bourgeoise, qui était si méchante...

STANISLAS.

Et qui vendait de mauvais vin... Je me suis toujours défié de cette femme-là... (*Il boit.*)

CHRISTINE.

Lorsque, environ quatre mois après votre départ, un soldat qui retournait au pays, me demande et me dit : Mademoiselle, j'ai deux mille écus à vous remettre de la part d'un ami qui ne vous demande rien que d'être heureuse... adieu... Il était déjà parti et sans même accepter un verre de vin, et depuis je ne l'avons pu jamais revu...

STANISLAS, *vivement.*

C'est très-bien... j'étais sûr que ce hussard-là était un brave homme...

CHRISTINE.

Comment!... un hussard... et d'où savez-vous que c'était là son uniforme?

STANISLAS.

Eh! mais, morbleu! c'est vous qui me l'avez dit...

CHRISTINE.

Du tout, et vous en savez plus que moi.

AIR : *Ainsi que vous, mademoiselle.*

A qui dois-je un bienfait semblable?
Vous hésitez... je le sais à présent;
Oui, vous seul en êtes capable.

STANISLAS.

Qui? moi! j'y pense bien, vraiment!

CHRISTINE.

Avouez-moi vos nobles artifices,
Ou d'vos bienfaits je ne veux plus.
J'n'ai pas rougi d'accepter vos services ;
Vous rougissez de m'les avoir rendus.
Oui, je le vois, vous rougissez de m'les avoir rendus.

STANISLAS.

Eh bien! oui, c'est à moi ou plutôt à mon colonel que vous le devez... Son portefeuille qu'il m'a donné en mourant contenait douze mille francs, que j'avais ainsi partagés, six pour vous et six pour mon père... la moitié à celui qui m'avait donné la vie, et l'autre à celle qui me l'avait conservé... c'est trop juste. J'avais chargé un de mes camarades de venir vous trouver ; et le reste, j'avais été dernièrement le porter moi-même.... mais mon père.... ancien soldat... vieil invalide.

CHRISTINE.

Eh bien!...

STANISLAS.

Il n'en avait plus besoin... il n'est plus au service... c'est là haut qu'il reçoit sa paye... (*s'essuyant les yeux*) Mais, tenez... ne parlons pas de cela... car je veux que vous acheviez votre histoire, et moi ma bouteille... Je devine que vous avez acheté cette maison.

CHRISTINE.

Qui était mal tenue, mal gouvernée, et qui, grâce à mes soins et à mon zèle, est devenue la meilleure auberge du canton.

STANISLAS.

Tant mieux... vous méritez d'être heureuse.

CHRISTINE.

Heureuse.

STANISLAS.

Oui, morbleu! et certainement celui que vous daigneriez... Allons, morbleu... quand je resterai là une heure en position... c'est un retranchement qu'il faut enlever à la baïonnette. Tenez, mademoiselle Christine, depuis un an vous avez été mon chef de file... et vous étiez toujours à côté de moi au feu comme au bivouac. J'ai de l'argent dont je ne sais que faire, un cœur qui ne s'est pas encore donné, un bras qui ne s'est jamais vendu, tout cela est à votre service, et je vous l'offre : voulez-vous de moi?...

CHRISTINE.

Comment! monsieur Stanislas, il serait possible?...

STANISLAS.

Voulez-vous m'épouser? parlez... je n'ai que deux heures à rester ici, et je n'ai pas de temps à perdre.

CHRISTINE.

Je ne sais comment vous exprimer ma reconnaissance; mais ce que vous me proposez est impossible... il faut encore le temps de s'aimer,

STANISLAS.

Eh bien! est-ce que vous ne m'aimez pas?

CHRISTINE.

Mais...

STANISLAS.

M'aimez-vous?... oui, ou non.

CHRISTINE.

Daignez de grâce....

STANISLAS.

Je n'aime pas les phrases, répondez-moi par un seul mot, oui, ou non....

CHRISTINE.

Eh bien! non!

STANISLAS.

Comment! vous ne m'aimez pas, moi votre frère, votre ami, qui irais me jeter pour vous à la bouche d'un canon... et qui vous chérit encore plus que mon pauvre colonel... et pourquoi ne m'aimeriez-vous pas?... Je vous aime bien, vous qui me traitez plus durement qu'un caporal allemand ne traite une recrue.

CHRISTINE.

Je sais ce que vous avez fait pour moi... je ne l'oublierai jamais; mais je n'en suis pas digne, et je vas tout vous rendre.

STANISLAS.

Me le rendre!... il ne manquait plus que cela... Cette fille-là a juré de me faire mourir de chagrin.

CHRISTINE.

Mais au moins... écoutez-moi.

STANISLAS.

Je n'écoute rien.

CHRISTINE.

Stanislas...

STANISLAS.

Non.

CHRISTINE.

Mon ami...

STANISLAS, *s'arrêtant.*

A la bonne heure cela! parlez.

CHRISTINE.

Si ce que vous me demandez ne dépendait pas de moi, si avant de vous connaître j'en aimais un autre.

STANISLAS.

Un autre!... je n'avais jamais pensé à cela... vous en aimez un autre?

CHRISTINE.

Eh bien! s'il était vrai... qu'est-ce que vous diriez?

STANISLAS.

Je dirais... je dirais... que celui-là n'a qu'à bien se tenir... parce que si je le rencontre jamais...

CHRISTINE.

Qu'est-ce que vous lui ferez.

STANISLAS.

Je le tuerai...

CHRISTINE.

Et pourquoi le tueriez-vous?

STANISLAS.

Parce que ce blanc-bec-là a l'audace de vous aimer...

CHRISTINE.

Et s'il ne m'aimait pas ?

STANISLAS *étonné.*

Ah !... c'est différent... mais je voudrais bien voir qu'il ne vous aimât pas... avec cette taille-là... ces yeux... cette mine.... s'il y avait quelqu'un qui osât ne pas être amoureux de vous...

CHRISTINE.

Vous lui chercheriez querelle, n'est-ce pas.

STANISLAS.

C'est-à-dire... non... Mais comment se fait-il ?...

CHRISTINE.

Rien n'est plus simple.

AIR : *De cet amour vif et soudain.* (*De Caroline.*)

Voilà trois ans qu'un beau matin
J'quittai le lieu de ma naissance ;
Là, j'avais un jeune cousin...
Qui fut l'ami de mon enfance.
A ses sermens mon cœur croyait ;
On croit toujours ce qu'on désire.
Sans m'aimer il me le disait,
Et je l'aimais sans le lui dire.

STANISLAS.

Ah ! vous ne lui avez pas dit...

CHRISTINE.

Jamais... j'étais trop pauvre et lui aussi, pour songer à nous marier... mais dès que, grâce à vous, j'ai eu une petite fortune, je lui ai écrit de venir la partager et d'arriver tout de suite... tout de suite pour m'épouser...

STANISLAS.

Eh bien !...

CHRISTINE.

Il n'est pas encore venu... et cependant il a reçu ma

lettre... j'en suis bien sûre... C'est alors que j'ai acheté cette auberge.

AIR : *Vaudeville de la Somnambule.*

En ces lieux je m'suis établie ;
Et n'comptant plus sur mon cousin,
Loin de lui je passe ma vie
Dans la solitude et l'chagrin.

STANISLAS.

Puisque sa tendresse est trompeuse,
Puisque vos vœux sont superflus,
Qu'attendez-vous pour être heureuse?

CHRISTINE.

J'attends que je ne l'aime plus ;
J'attends, hélas! que je ne l'aime plus.

STANISLAS.

Christine... vous êtes une brave fille... vous n'avez pas voulu me tromper... Cà vous tient encore là? (*montrant le cœur*) çà ne s'en va pas?

CHRISTINE.

Non...

STANISLAS.

Eh bien! c'est bon... je repasserai plus tard! promettez-moi seulement que si vous pouvez l'oublier, ce sera moi...

CHRISTINE, *vivement.*

Oh! je vous le jure...

STANISLAS.

C'est bon, vous serez madame Stanislas. (*On entend en dehors des cris de buveurs.*) Holà!... hé!... quelqu'un.

CHRISTINE.

AIR : *Partons, suivons les pas du héros qui nous guide.*
(De Fernand Cortez.)

ENSEMBLE.

Quel tapage effrayant !
On demande l'hôtesse.
Je vous quitte un instant,
Car là-bas on m'attend.

STANISLAS.

Oui, partez promptement.
On demande l'hôtesse ;
Mais songez seulement
Qu'un ami vous attend.

CHRISTINE.

Vous êtes ici chez vous ;
Pardon si je vous laisse.

STANISLAS.

Mon vœu le plus doux
Serait d'être chez nous.

ENSEMBLE.

Quel tapage ! etc.

(*Christine sort.*)

SCÈNE IV.

STANISLAS, MICHEL, *il porte un paquet au bout d'un bâton.*

MICHEL.

Je vous demande pardon d'entrer ainsi sans façon... Pourriez-vous, monsieur le soldat, m'enseigner le chemin pour aller à la ville voisine?

STANISLAS.

Tiens, ce jeune cadet... qui ne sait pas où est la grande route... Eh mais ! nous sommes en pays de connaissance... c'est M. Michel... que nous avons vu, il y a un mois, à la ferme des bois, à trente lieues d'ici... Vous ne me remettez pas?...

(*Lui tendant la main.*)

MICHEL, *lui serrant la main de mauvaise grâce.*

Si fait, si fait... j'y suis maintenant... vous étiez de ce régiment qui a repoussé l'ennemi le jour où on s'est battu près de notre ferme... c'est que nous y étions tous.

AIR : *De Marianne.*

L'affaire était joliment rude.

STANISLAS.

J'crois mêm' qu'vous aviez un peu peur.

MICHEL.

Dam', quand on n'a pas l'habitude,
Et qu'on se bat en amateur,
Quoiqu' paysan,
On est vaillant,
Surtout quand on n'peut pas faire autrement.
La fourche en main,
Bravant l'destin,
Nous étions là vingt héros
En sabots.
Pour ma part, d'estoc et de taille,
J'frappais si bien, qu'après l'combat,
L'général me nomma soldat
Sur le champ de bataille.

Mais ma nomination n'a pas eu de suite.

STANISLAS.

Cependant vous n'êtes plus garçon de ferme.

MICHEL.

Non, monsieur le soldat, je ne suis plus paysan... je suis bourgeois... j'ai obtenu par des protections... c'est Pierre Durand, un fiscal de chez nous, qui m'a fait avoir un emploi civil : je suis dans l'octroi. Quand je dis civil... c'est presque militaire, parce que je serai commis à cheval dès que j'en aurai un... on se fournit de tout...

STANISLAS.

Et vous n'en avez pas encore?

MICHEL.

Moins que jamais...

STANISLAS.

Comment! moins que jamais...

MICHEL.

Je vais vous conter çà. C'est que cette nuit je suis tombé dans un parti d'hussards qui m'ont tout pris, et depuis ce moment-là je cours encore.

STANISLAS.

De sorte que vous n'avez pas encore eu le temps de penser à déjeûner.

MICHEL.

Si fait, j'y ai pensé... mais, vu les obstacles... je n'osais pas entrer dans cette belle auberge...

STANISLAS.

Comment! c'est pour cette raison... touchez-là, et ne craignez rien... c'est moi qui paie... nous déjeûnerons ensemble... Holà!... quelqu'un.

MICHEL.

Quoi! monsieur le soldat, vous êtes assez bon... c'est vous qui payez.

STANISLAS.

Cela vous étonne!...

MICHEL.

Non du tout... çà m'étonnerait bien plus si c'était moi ; mais je ne voudrais cependant pas vous coûter de l'argent...

STANISLAS.

Je vous dis de ne rien craindre... je suis chez moi...

Holà!... les garçons .. mais ils sont occupés... et j'aurai plus tôt fait d'aller moi-même... Reposez-vous là ; vous en avez besoin..... je reviens dans un instant..... adieu, mon brave.....

MICHEL.

Adieu, monsieur le soldat.

SCÈNE V.

MICHEL, *seul, sur le banc de gazon.*

Je n'étais pas d'abord enchanté de la rencontre, parce que je me rappelais très-bien ce Polonais-là... il est brutal comme un sapeur... et il vous donne un coup de sabre comme je donnerais un coup d'éperon à mon cheval... Si je l'avais... mais il est bon enfant... il paie à déjeûner... et cela arrive bien, car je tombe de besoin et de fatigue... Aussi je lui rendrai cela, quand j'aurai fait fortune... car je le sens là... je ferai mon chemin, je parviendrai! Pierre Durand avait raison : c'est une duperie de se marier... parce qu'alors c'est fini... il n'y a plus moyen d'arriver... on végète... c'est le mot.

(*Commençant à s'endormir.*)

AIR : *Dans un délire extrême.*

Pour moi que rien n'enchaîne,
Ma fortune est certaine ;
D'où vient qu'à mes projets
Se mêlent des regrets ?
Je ne sais quel trouble extrême
M'agite malgré moi-même.
Hélas ! malgré moi-même.....

(*Il s'endort tout-à-fait.*)

(*L'orchestre achève l'air* : on en revient toujours à ses premiers amours, *et continue en sourdine pendant toute la scène suivante.*)

SCÈNE VI.

MICHEL, *endormi*, CHRISTINE, *avec des assiettes, une nappe, etc., ce qu'il faut pour mettre le couvert*, GUILLAUME.

CHRISTINE.

Oui... nous allons vous mettre là le couvert... (*aux domestiques.*) Et toi, Guillaume, dépêche-toi... soigne le déjeûner, et veille à ce que M. Stanislas et son ami soient bien servis.

(*Guillaume sort.*)

MICHEL, *rêvant, en achevant l'air :* à ses premiers amours.
Christine... Christine...

CHRISTINE, *se retournant.*

Qui m'a nommée?... grand Dieu! qu'ai-je vu? c'est lui! (*faisant un pas vers lui.*) Michel...

SCÈNE VII.

LES PRÉCÉDENS, STANISLAS, *avec deux bouteilles de vin, qu'il pose sur la table.*

STANISLAS.

Me voilà... j'arrive de la cave... tubleu! quel front de bataille!... un coup-d'œil menaçant... mais ce n'est pas encore cela qui me ferait reculer... et j'ai déjà commencé à éclaircir les rangs. (*à Christine.*) Que je vous aide à mettre le couvert...(*lui prenant la main.*) Eh bien! qu'avez-vous donc, petite mère?... votre main tremble.

CHRISTINE.

Moi! du tout...

STANISLAS.

Si fait, morbleu!... quoique je ne m'y connaisse pas... je vois bien que vous êtes émue, agitée... c'est ce que je vous ai dit tout-à-l'heure... n'est-ce pas?... Eh bien! tant mieux... c'est bon signe... ah! çà, vous allez vous mettre là, et nous tenir compagnie.

CHRISTINE.

Non... non... l'on a besoin de moi là-dedans; mais Guillaume restera là... et moi aussi de temps en temps je viendrai pour vous servir, et voir si vous ne manquez de rien...

STANISLAS.

A la bonne heure... (*frappant sur l'épaule de Michel qui est endormi.*) En route, camarade.

(*Christine se retire dans le fond; elle disparaît de temps en temps, mais écoute toujours pendant tout le temps de la scène suivante.*)

MICHEL, *s'éveillant en sursaut.*

Hein!... qu'est-ce que c'est?... encore des hussards!...

STANISLAS.

Eh! non... c'est le déjeûner.

MICHEL.

Ah! quel dommage!

STANISLAS.

Comment! quel dommage?...

MICHEL.

Au moment où vous m'avez réveillé... j'étais premier commis dans les droits réunis... de la fenêtre de mon hôtel... je me voyais passer en carrosse... et j'allais dîner en ville.

STANISLAS, *se mettant à table.*

Des hôtels, des dîners en ville... je vois que vous donnez dans la fumée.

MICHEL.

Et vous...

STANISLAS.

Je ne connais que celle du canon... je tiens au solide... asseyons-nous. (*Stanislas est en face des spectateurs. Michel est à sa droite au bout de la table, et tourne le dos à Christine.*) Je gage qu'avec vos idées et votre tournure, un joli garçon comme vous doit trouver à la ville quelque bon parti!

MICHEL.

Oh!... je crois bien qu'on n'en manquerait pas... mais dans ma situation, je ne peux pas trop me marier, voyez-vous!

CHRISTINE, *à part.*

Que veut-il dire?...

MICHEL.

Parce que je ne suis pas mon maître tout-à-fait... Il y avait quelqu'un au pays que j'avais promis d'épouser.

STANISLAS.

Eh bien! qui vous empêche?...

(*Christine se rapproche, et écoute avec attention.*)

MICHEL, *mangeant.*

Oh! ce sont des raisons de famille.

STANISLAS.

C'est différent... çà ne me regarde pas. (*buvant.*) A votre santé!

MICHEL.

Je ne demanderais pas mieux, parce que, quoiqu'il y ait long-temps que je ne l'aie vue... elle était si douce, si gentille, je l'aimais tant... mais au moment où je vais me décider, je pense au chemin que je peux faire, moi... un monsieur... un homme en place!... ces idées-là... cela chasse les autres, et çà empêche.....

STANISLAS.

J'entends... çà empêche d'être honnête homme...

MICHEL.

Qu'est-ce que vous dites donc là, monsieur le soldat?...

STANISLAS.

La vérité, morbleu!... quand on a promis à une femme ou à son colonel... c'est tout comme...

Air : *Le choix que fait tout le village.* (Des deux Edmond.)

Je vois bien que cet hymenée
N'a plus l'air de vous convenir ;
Mais d'la parole qu'on a donnée
Rien ne saurait nous affranchir.
Que la fortune ou non nous soit rebelle,
Tout peut changer, hormis nos sentimens ;
Et l'on n'a pas le choix d'être infidèle,
Lorsque l'honneur a reçu nos sermens.

CHRISTINE, *à part.*

Brave garçon!

MICHEL.

Mais cependant, monsieur le soldat, si, en l'épousant, je ne devais pas la rendre heureuse...

STANISLAS.

C'est autre chose... alors on ne la trompe pas plus longtemps, et on lui écrit la vérité : « Mam'selle, je mets la main » à la plume pour vous avouer que je ne vous aime plus... par » ainsi vous n'avez que faire de m'attendre... et vous pouvez » de votre côté en épouser un autre, si cela vous convient. » *Signé* Michel. » Voilà comme on agit, quand on a de l'usage et des sentimens...

MICHEL.

Oui, sans doute... excepté que je n'écrirai jamais cela...

STANISLAS.

Comment! milzieux...

MICHEL.

Je l'écrirai... monsieur le soldat... mais je dis seulement que je la tournerai autrement.

Air : *Mes yeux disaient tout le contraire.*

J'lui dirai ben, je n' vous aime pas,
Puisque cet avis est le vôtre ;

Mais je ne pourrai jamais, hélas!
Lui dire d'en aimer un autre.
Oui, plus j'y pense, je le voi,
C'est un trésor que j'abandonne.
J' veux bien qu'il ne soit plus à moi,
Mais j' voudrais qu'il n'fût à personne.

STANISLAS.

Parce que...

MICHEL.

Parce que çà me ferait un chagrin...

STANISLAS.

Qu'est-ce que cela veut dire?

MICHEL.

Eh bien! non, monsieur le soldat... non, cela ne m'en fera pas... Dès que vous me le demandez... vous sentez bien qu'après le déjeûner que vous venez de me donner... tout ce qui peut vous être agréable... (*à part*) Quel diable d'homme!

STANISLAS, *se levant de table.*

Holà! garçon... (*Christine se retire à l'écart et fait signe à Guillaume d'avancer.*) de l'encre et du papier...

GUILLAUME.

Il y a tout ce qu'il faut dans la chambre à côté... c'est là que madame écrit ses mémoires...

STANISLAS.

Eh bien!... mon jeune camarade, vîte à la besogne... et nous prendrons par là-dessus une goutte d'eau-de-vie... il n'y a rien qui fasse bien à l'estomac comme d'avoir sur la conscience une bonne action et un petit verre.

MICHEL, *un peu ému.*

Oui... la bonne action... le petit verre... vous verrez que je suis digne de trinquer avec vous.

STANISLAS.

A la bonne heure...

(*Michel entre dans le cabinet à droite, et Christine qui s'est tenue à l'écart, redescend le théâtre et se trouve en scène.*)

SCÈNE VIII.

STANISLAS, CHRISTINE, *se cachant les yeux avec son mouchoir.*

STANISLAS.

C'te jeuness', on a de la peine à la mettre au pas. (*se retournant et apercevant Christine qui pleure.*) Eh bien ! qu'avez-vous donc ?

CHRISTINE.

Non... non !... ce n'est rien. (*à part.*) Malgré soi... on n'est pas maîtresse de çà... mais j'aurai de la fermeté... du courage. (*haut en essuyant ses yeux.*) Stanislas, m'aimez-vous ?...

STANISLAS.

Si je vous aime, morbleu !... plus que jamais.

CHRISTINE.

Eh bien ! moi... je ne sais pas ce que j'éprouve ; mais la colère... le dépit... je serais si heureuse... de l'humilier... de me venger !... Je crois presque que je vous aime.

STANISLAS.

Comment il serait possible !...

AIR : *Du partage de la richesse.*

Mon bonheur a d' quoi me confondre;
J' vous disais bien que ça viendrait.

CHRISTINE.

Pourtant j' n'en voudrais pas répondre.

STANISLAS.

C'est égal, le plus fort est fait.
Il serait vrai?... j'ai su vous plaire.

CHRISTINE, *à part.*

Peut-être en mourrais-je de douleur ;
Mais je me sens trop en colère
Pour ne pas faire son bonheur.

(*haut.*) Enfin... tantôt vous m'avez offert votre main...,

STANISLAS, *vivement.*

Vous l'acceptez?...

CHRISTINE.

Pas maintenant... puisque vous repartez... mais je ne serai jamais à d'autre qu'à vous sans votre consentement... sans votre permission... je vous le promets... et dans un mois, ou à votre retour... je vous épouserai.

STANISLAS.

Vous le jurez?

CHRISTINE.

Oui... je le jure, à une seule condition.

STANISLAS.

Allons! toujours des conditions. Enfin, voyons, celle-là quelle est-elle?...

CHRISTINE.

C'est que dès à présent... vous prendrez le titre de mon mari...

STANISLAS, *étonné.*

Comment!...

CHRISTINE.

Oui..... vous ne m'appellerez pas autrement que votre femme.....

STANISLAS.

Et pourquoi?...

CHRISTINE.

Je ne sais... mais enfin vous êtes le maître de refuser... Cette condition-là vous paraît-elle trop rigoureuse?

STANISLAS.

AIR : *De la Sentinelle.*

Vous l'exigez, je serai votre époux;
Mais de votre demande aujourd'hui je m'étonne :
Quand je voudrais donner mes jours pour vous,
C'est mon nom seul qu'il faut que je vous donne.
Il est à vous, et s'il ne brille pas,

Il est du moins sans tache et sans outrage.
C'est un avantage ici-bas,
Que bien des gens ne pourraient pas
Vous apporter en mariage.

CHRISTINE.

Ah! le voilà.

SCÈNE IX.

CHRISTINE, STANISLAS, MICHEL.

MICHEL, *sortant de la porte à droite. Il tient une lettre à la main, et la présente à Stanislas.*

TRIO.

AIR : *Fragment du quatuor du Calife de Bagdad.*

Tenez, mon brave homme, je l'espère,
De moi vous serez satisfait,
Car vous ne vous attendez guère
Au contenu de ce billet.

(*Apercevant Christine.*)

Ah! grand dieu! ô surprise extrême!

CHRISTINE (*feignant l'étonnement.*)

C'est lui...

MICHEL.

C'est Christine elle-même!

STANISLAS, *à Christine.*

Qu'est-ce donc?

CHRISTINE.

Un de mes parens,
Que j'n'ai pas vu depuis long-temps.

MICHEL (*mettant la lettre dans sa poche, et regardant Christine.*)

MICHEL.

ENSEMBLE.

Plus que jamais elle est jolie :
Combien je la trouve embellie !
Oui, de surprise et de bonheur,
Ah ! je sens là battre mon cœur.

STANISLAS.

Est-il un sort plus dign' d'envie ?
Epoux d'une femme jolie,
Oui, d'espérance et de bonheur
Je sens dejà battre mon cœur.

CHRISTINE.

Oui, c'en est fait, puisqu'il m'oublie,
Je veux punir sa perfidie.
Mais de dépit et de douleur,
Ah ! je sens là battre mon cœur.

CHRISTINE, *à Michel.*

Ah ! combien de te voir ici
Nous somm' charmés au fond de l'âme !

(*A Stanislas avec intention.*)

N'est-il pas vrai, mon bon ami ?

MICHEL (*étonné.*)

Son ami !

STANISLAS.

Je pense comme toi... ma femme.

MICHEL, *interdit.*

Sa femme... comment ?...

STANISLAS, *la montrant.*

Eh ! oui,
C'est ma femme !

CHRISTINE, *de même.*

C'est mon mari.

MICHEL.

ENSEMBLE.

Quel trouble affreux règne en mon âme !
Comment ! Christine serait sa femme !
Ah ! de surprise et de douleur
Je sens, hélas ! battre mon cœur.

CHRISTINE.

Oui, d'un autre il me croit la femme.
Je vois le trouble de son âme,
Et sa surprise et sa douleur
Font malgré moi battre mon cœur.

STANISLAS.

Quel trouble heureux règne en mon âme !
Bientôt elle sera ma femme.
Oui, d'espérance et de bonheur
Je sens déjà battre mon cœur.

CHRISTINE.

Eh bien ! Michel... qu'as-tu donc ? tu ne nous fais pas compliment ; et après trois ans d'absence, est-ce que tu n'as rien à nous dire ?... Donne-moi des nouvelles du pays ; parle-moi de toi... de tes affaires... de tes amours..... comment cela va-t-il ?...

MICHEL.

Cela va bien, mademoiselle.

STANISLAS.

Q'est-ce qu'il dit donc, mademoiselle ?

MICHEL.

C'est-à-dire madame... Dieu ! ce mot-là fait mal...

CHRISTINE, *à Michel qui s'appuie contre la table.*

Eh bien ! Michel, qu'as-tu donc ?

MICHEL.

Rien... mais je ne me sens pas à mon aise...

CHRISTINE.

Il a peut-être besoin de prendre quelque chose ?...

STANISLAS.

Non pas !.... il vient de déjeûner, et solidement... aussi il va faire ses adieux à sa cousine, et se remettre gaîment en route, comme un joli garçon...

CHRISTINE.

Est-ce qu'il ne reste pas quelque temps avec nous?...

STANISLAS.

Il a des affaires à la ville voisine..... un emploi qui l'attend...

MICHEL.

Aussi je crois que je ferai bien de m'en aller..... j'aurais voulu seulement vous parler de quelques affaires de famille.

STANISLAS, *s'asseyant.*

Eh bien! mon garçon, ne vous gênez pas..... nous écoutons...

MICHEL, *embarrassé.*

Oui, mais c'est que...

CHRISTINE, *de même.*

Peut-être... ne voudrait-il confier cela qu'à moi seule?...

STANISLAS, *bas.*

C'est que j'aimerais mieux rester avec vous.

CHRISTINE, *de même.*

Oui, mais je veux que mon mari soit complaisant...

STANISLAS.

C'est différent!... il faut donc qu'un mari...

CHRISTINE.

Oui!...

STANISLAS.

Allons... puisque je suis dans ce régiment-là, et qu'il paraît que c'est la consigne... je m'en vas..... (*revenant*) Je m'envais sans crainte, parce que vous m'avez donné votre parole : vous serez à moi, ou vous ne serez à aucun autre sans ma permission; ainsi je suis tranquille, parce quand je la donnerai... il fera chaud... Adieu, ma femme.....

(*Il sort.*)

SCÈNE X.

CHRISTINE, MICHEL.

CHRISTINE, *après un moment de silence.*

Nous voilà seuls..... Eh bien! Michel, qu'avais-tu à me dire?... qu'avais-tu à me demander?... Pouvons-nous t'être utile à quelque chose... mon mari et moi?

MICHEL.

Je ne veux rien de vous ni de votre mari...

CHRISTINE.

Et ces affaires de famille dont tu voulais me parler?...

MICHEL.

Je n'en ai pas... je voulais seulement vous faire compliment sur votre constance....... et je n'osais pas quand il était là.

CHRISTINE.

Comment! ma constance!... fallait-il rester fille toute ma vie..... parce qu'il plaisait à monsieur de ne pas me répondre?

MICHEL.

Est-ce que je pouvais supposer que vous étiez si pressée... et il fallait en effet l'être joliment, pour prendre un mari comme celui-là...

CHRITINE, *vivement, et très-haut.*

Et qu'est-ce qu'il a donc de si mal?

MICHEL.

Il n'y a pas besoin de parler si haut... mais on sait ce que c'est qu'un soldat... celui-là surtout qui est brutal, qui est jaloux, et qui n'a pas le moindre usage.

CHRISTINE.

Quand il serait vrai... je suis sûre au moins qu'il m'aime, lui... et il a raison, car je le lui rends bien.

MICHEL.

Ah! vous le lui rendez!

CHRISTINE.

Oui, monsieur, je l'aime, je l'adore... je ne suis contente que quand je le vois.

MICHEL.

Ah! mon dieu, je ne vous retiens pas... je ne vous empêche pas d'être avec lui... si vous croyez que je sois jaloux!.. Je l'aurais peut-être été d'un amant aimable et galant... mais d'un mari comme celui-là... c'est ce que je pouvais trouver de mieux... Un homme qui boit, qui fume, qui à chaque instant se met en colère... qui, j'en suis sûr, vous rendra malheureuse... eh bien! c'est tout ce que je désire... c'est tout ce que je demande... au moins je serai vengé...

CHRISTINE.

Comment! M. Michel vous serez vengé, et de qui? quel mal vous ai-je fait?.... est-ce ma faute si vous m'avez refusée... A qui ai-je pensé dès mon enfance? à vous... Dès que j'ai eu un peu de fortune, à qui ai-je offert mon cœur et ma main?... à vous... Je me disais : nous ne serons pas encore bien riches... mais avec de l'ordre, du travail, nous pourrons le devenir... Et Michel qui a toujours été un peu ambitieux, sera flatté de se trouver à la tête de la première auberge du canton... et sentira, quelque place qu'on lui offre, qu'il vaut mieux commander chez soi que d'obéir chez les autres... Et si, par notre activité, si par nos économies, notre maison finit par prospérer... quel bonheur de ne devoir sa fortune qu'à soi-même! et quel bon ménage nous ferons!... La journée sera consacrée au travail... mais le soir nous nous verrons entourés de notre famille, de nos amis qui viendront s'asseoir à notre table... Le dimanche, toute la jeunesse du pays..... viendra danser dans notre jardin..... Aimés de nos voisins, estimés des voyageurs, chéris de nos enfans; tel est le sort qui nous attend. Voilà ce que je me disais, monsieur; voilà les plans de bonheur que je formais pour vous, et dont vous voulez aujourd'hui vous venger.

MICHEL.

Dieux! que je suis malheureux! et quel ménage... j'aurais eu! Vous ne pouviez peut-être pas attendre! C'est affreux, et je vous en veux plus que jamais de m'avoir privé d'un trésor comme celui-là.

CHRISTINE.

N'y avez-vous pas vous-même renoncé, et tout-à-l'heure encore ne m'avez-vous pas écrit de vous oublier!..... Et cette lettre...

MICHEL.

Cette lettre! qu'est-ce que çà prouve?... Allez, si vous saviez... si vous pouviez deviner... mon secret!...

CHRISTINE.

Que dites-vous, un secret? vous en auriez un?...

MICHEL.

Oui... mais je ne peux plus vous le dire... vous voilà mariée.

CHRISTINE.

N'importe... je veux le savoir.

MICHEL.

Çà ne se peut plus, vous-dis-je... Vous aimez votre mari... vous l'adorez... rien ne manque à votre félicité...

CHRISTINE.

Rien n'y manque!... vous ai-je dit cela?...

MICHEL.

Comment! il serait possible, vous ne seriez pas heureuse... vous, Christine... il ne me manquait plus que ce chagrin-là. (*à voix basse*) Je suis sûr qu'il est colère... qu'il est brutal... il vous bat peut-être. Dieu! si j'osais lui chercher querelle!... Vous ne pouviez peut-être pas attendre! moi qui me serais laissé mener pas vous.

CHRISTINE.

AIR : *De Céline.*

Eh bien! si votre ancienne amie
Conserve encor quelque pouvoir,
Confiez-lui, je vous en prie,
Ce secret que je veux savoir.

MICHEL.

Puisque votre cœur le désire,

(*Lui donnant la lettre.*)

Mes secrets... les voilà... mais je vois
Qu'à présent il faut vous les dire.

(*La regardant avec expression.*)

Vous les deviniez autrefois.

CHRISTINE.

Que dites-vous?...

MICHEL.

Oui, dès que vous l'aurez lue... je vous quitte, je pars... et j'irai au bout du monde, s'il le faut...

CHRISTINE, *lisant.*

« Mademoiselle, je suis ambitieux, mais honnête... un » brave homme avec qui je viens d'avoir une conversation, » m'a prouvé que si je ne vous aimais plus, il fallait vous le » déclarer... je prends donc la plume pour vous dire..... » que... (*s'arrêtant.*) Eh bien! c'est effacé...

MICHEL.

Allez toujours...

CHRISTINE.

« Pour vous dire... que... je t'aime toujours... car je n'ai ja-
» mais pu écrire l'autre mot, et je sens maintenant qu'il m'est
» aussi impossible de le penser que de l'écrire. » (*s'arrêtant.*) Comment! il serait vrai?

MICHEL, *pleurant.*

Allez toujours...

CHRISTINE.

« Oui, ma petite Christine, c'est Pierre Durand et ses
» mauvais conseils qui m'ont égaré; mais je n'ai jamais cessé
» de t'aimer, et je t'aime plus que jamais, et je t'épouserai
» aussi vite que tu le voudras. Ton cousin et futur mari, Mi-
» chel. »

MICHEL, *prenant son chapeau.*

Adieu!... adieu! je m'en vas.

CHRISTINE.

Michel! encore un instant!...

MICHEL.

Quoi! vous me retenez après ce que vous venez de lire!... Vous voyez bien, madame Stanislas, que je vous aime toujours...

CHRISTINE.

Eh bien! qu'est-ce que çà fait?...

MICHEL.

Et votre mari qui est jaloux! s'il savait seulement...

CHRISTINE.

Qu'importe!...

MICHEL.

Comment! qu'importe!... eh bien! par exemple... c'est pour le coup... qu'il vous battrait. Vous battre, vous, Christine!... (*la regardant avec douleur.*) Vous ne pouviez peut-être pas attendre? (*vivement reprenant son chapeau et son bâton.*) Adieu! Christine... adieu! ma cousine...

(*Il sort par la gauche et rentre dans l'intérieur de l'auberge.*)

SCÈNE XI.

CHRISTINE, *seule.*

Eh bien!..... il part.... il s'en va... si je lui disais.... et Stanislas à qui j'ai promis..... Ah! mon Dieu!..... le voilà. (*Elle entre dans le bosquet à droite.*)

SCÈNE XII.

STANISLAS, MICHEL.

STANISLAS.

Eh! où diable allez-vous par là, mon camarade?...

MICHEL.

Vous le voyez bien, je m'en vas.

STANISLAS.

Où avez-vous donc les yeux?... vous ne connaissez donc plus votre chemin? (*lui montrant la porte du fond.*) C'est par là que vous êtes entré.

MICHEL.

C'est que j'avais la vue un peu troublée... (*regardant autour de lui.*) Elle n'est plus là... je ne la verrai plus...

STANISLAS.

Ah! çà, mon garçon, vous avez dit adieu à votre cousine, vous l'avez embrassée?

MICHEL, *vivement.*

Non... non çà, je l'ai oublié...

STANISLAS.

Eh bien! c'est égal... je l'embrasserai pour vous... Voilà

votre chemin... la route est belle... bon voyage... et adieu, mon cousin... (*Il le conduit jusqu'à la porte d'entrée.*)

MICHEL.

Oui... adieu... mon cousin... (*à part, en s'en allant.*) Dieux! que c'est dur à prononcer... et dire que je les laisse là ensemble!

STANISLAS, *se retournant.*

Eh bien!... vous n'êtes pas encore parti?...

MICHEL.

Si fait... si fait... (*Il sort et revient*) Ah dites donc M. Stanislas, c'est que je me rappelle ce petit verre... que vous m'avez promis.

STANISLAS.

Diable!... quelle mémoire vous avez!... Eh bien! voyons : (*prenant la bouteille qui est restée sur la table et versant deux petits verres*) dépêchons, et trinquons... (*voyant Michel qui a fait le tour de la table, et est allé s'asseoir sur la chaise*) Oh! ce n'est pas la peine de vous asseoir; (*il le prend par le haut de la veste et le fait relever.*) cela se prend debout... cela descend plus vite... (*Il avale son verre d'un trait, et regarde Michel qui est très long-temps à prendre le sien.*) Eh bien! çà passe-t-il.

MICHEL.

Dieux!... que c'est fort?

STANISLAS, *buvant encore.*

Ah çà! est-il en retard... je vois que çà n'entend rien à la charge en douze temps. Maintenant que vous avez bu le coup de l'étrier... en route, camarade.

MICHEL.

Oui, certainement... je ne demande pas mieux; mais c'est qu'avant de partir... j'avais quelque chose à vous demander.

STANISLAS, *à part en secouant la tête.*

Qu'est-ce que cela veut dire?... voilà un gaillard qui a

bien de la peine à s'en aller.... (*haut.*) Eh bien! voyons... je t'écoute.

MICHEL.

C'est que voyez-vous... j'avais pensé...

STANISLAS.

Est-ce que tu vas être aussi long-temps à parler qu'à prendre des petits verres? je t'ai dit, pas accéléré... marche.

MICHEL, *parlant très-vite.*

Eh bien! je dis que si vous voulez me donner chez vous une place de garçon d'auberge, vous serez content de mon zèle... je ne demande rien que la nourriture, le logement et pas de gages.

STANISLAS.

Ah! tu veux entrer chez nous comme garçon d'auberge... eh bien! nous verrons... nous te prendrons à l'essai..... et quoique tu ne demandes pas de gages... je t'en donnerai; c'est moi qui t'en promets.

MICHEL, *un peu effrayé.*

Je vous remercie... M. Stanislas... c'est que vous me dites cela d'une manière... Il ne faut pas que cela vous gêne d'abord... si cela ne vous plaît pas...

STANISLAS.

Si fait... si fait... mais il faut que je sache d'abord si cela conviendra à ma femme.

MICHEL, *vivement.*

Oh! oui... si ce n'est que cela, vous pouvez être sûr qu'elle ne s'y opposera pas...

STANISLAS.

Eh! comment le sais-tu?

MICHEL.

C'est que c'est elle...qui tout-à-l'heure m'engageait à rester...

STANISLAS.

Ah!... ell t'a engagé... (*à part*) Christine voudrait se jouer de moi... me tromper!... milzieux! je ne peux pas le croire... et quant à lui... (*haut*) Ecoute ici, je vais chercher ma femme et m'entendre avec elle... je crois que c'est nécessaire. En attendant, tu resteras chez nous à une condition : c'est que tu n'adresseras jamais une seule parole à Christine... entends-tu?

MICHEL.

Oui, j'entends.

STANISLAS.

Et si tu voyais quelque blanc-bec tourner autour d'elle... et vouloir lui en conter... tu m'en avertirais, et leur affaire ne serait pas longue : ils auraient bientôt fait connaissance avec la lame de mon sabre... Je ne te dis que çà : adieu. .

SCÈNE XIII.

MICHEL *seul*, *puis* CHRISTINE.

MICHEL.

Il ne me dit que çà ; c'est bien assez...

CHRISTINE, *sortant du bosquet.*

Il n'y est plus...

MICHEL, *l'apercevant.*

C'est Christine... et ne pas oser lui parler!...

(*Prenant un tablier qu'il met autour de lui.*)

CHRISTINE

Comment! il est vrai, te voilà de la maison? (*Michel fait signe que oui.*) Tu as donc renoncé à ta place... à tes idées d'ambition?

MICHEL *fait signe que oui.*

CHRISTINE.

Et tu resteras ici... toujours?

MICHEL.

Il n'est pas là... il n'écoute pas...

AIR : *Qui n'aime pas Jeannette.* (*De Jeanne d'Arc.*)

Oui, je l'atteste,
Je renonce aux grandeurs,
Ici je reste.
Pourrais-je vivre ailleurs ?

CHRISTINE.

Quel destin est le nôtre !
Et quel tourment pour toi
De me voir près d'un autre !

MICHEL.

Du moins je te voi.

2e COUPLET.

J' s'rai par mon zèle
L' premier de tes valets,
De plus fidèle
Tu n'en auras jamais.
(*Montrant le fond.*)
Et quand sa main terrible
Se levera sur toi,
J' tâch'rai, s'il est possible,
Que çà tombe sur moi.

CHRISTINE.

Pauvre Michel !

MICHEL.

En revanche... je ne te demande qu'une chose... une seule chose.

CHRISTINE.

Quelle est-elle ?

MICHEL.

C'est que tu me permettras de t'aimer.

CHRISTINE.

Te l'ai-je défendu ?...

MICHEL.

Non, c'est vrai... et tu as bien fait... parce quand le grand diable lui-même voudrait m'en empêcher..... il n'y aurait pas moyen... Et toi m'aimeras-tu aussi ?

CHRISTINE.

Non pas, Michel ; cela est impossible... je ne suis plus à moi... je me suis engagée...

MICHEL, *timidement.*

Ah! çà ne se peut donc pas... eh bien !... Christine... je ne t'en parlerai plus... Donne-moi seulement un seul baiser... et que ce soit le dernier.

CHRISTINE.

Un baiser!... que dirait Stanislas ?

MICHEL.

Parbleu!..... qu'il dise ce qu'il voudra! qu'est-ce que çà me fait? Dieu! le vilain homme! que j'aurais du plaisir à le faire enrager à mon tour!... Comment! Christine..... il n'y a pas moyen que tu m'aimes jamais?

CHRISTINE.

Si vraiment... un seul.

MICHEL.

Et quel est-il?

CHRISTINE.

C'est que tu lui en demandes la permission.

MICHEL, *s'éloignant avec effroi.*

Qu'est-ce que vous me dites donc là?

CHRISTINE.

Oui... cela maintenant dépend de lui... et s'il te permet, s'il te l'accorde... alors...

MICHEL.

Comment! il serait possible...

CHRISTINE.

Mais il faut lui demander...

MICHEL, *à part.*

C'est sûr... il me tuera sur la place.

CHRISTINE.

Vois si tu m'aimes assez pour cela.

MICHEL.

Si je vous aime!... Au fait, mourir de çà ou de chagrin..... cela revient au même..... Dieu! c'est lui..... je sens tout mon courage... qui s'en va.

SCÈNE XV.

LES PRÉCÉDENS, STANISLAS.

STANISLAS.

Christine... Christine... ah! vous voilà! Je vous cherche partout... et je ne m'attendais pas à vous trouver là en tête à tête... (*avec douleur.*) Est-ce que vous me fuyez?... Christine... est-ce que vous vous défiez de moi?... milzieux... s'il était vrai... je ne resterais pas ici une minute de plus.

CHRISTINE.

Quoi! vous pouvez penser... vous, mon ami... je vous desirais au contraire, car jamais je n'ai eu plus besoin de votre amitié...

STANISLAS.

De mon amitié!... avec ce mot-là elle me ferait faire tout ce qu'elle voudrait... Allons, j'ai eu tort de vous parler aussi durement. (*à part.*) Au fait, j'oublie toujours que je ne suis qu'un mari à l'essai... (*haut.*) Tiens, Christine... pardonne-moi... et pour faire la paix... viens m'embrasser.

CHRISTINE, *étonnée.*

Comment!...

MICHEL, *bas à Christine et la poussant.*

Allez-y donc... il va se fâcher.

STANISLAS, *lui prenant la main.*

Vois-tu, ma petite Christine... il faut être juste... je ne peux pas non plus exercer toujours pour le roi de Prusse. (*l'embrassant.*) Ce sont les profits du mariage, et... (*apercevant la lettre de Michel, qu'elle a mise dans son sein.*) Quel est ce billet?...

CHRISTINE.

Ce billet?... c'est une lettre d'amour...

STANISLAS.

Une lettre d'amour!...

CHRISTINE.

Oui... on vient de me la remettre... et comme je n'ai pas de secret pour vous. (*la lui donnant.*) Lisez-là.

MICHEL, *la tirant par son jupon.*

Mais qu'est-ce que vous faites donc?... ne la lui laissez pas voir.

STANISLAS, *ouvrant la lettre.*

Une lettre d'amour!... diable!... moi qui parlait tout-à-l'heure des profits du mariage; en voilà déjà les inconvéniens.

(*Il lit tout bas, et regarde de temps en temps Michel.*)

MICHEL, *tremblant.*

Il va deviner que c'est moi... et je suis perdu...

CHRISTINE, *le faisant passer.*

Vas maintenant, vas lui faire ta demande; c'est le bon moment.

MICHEL, *tremblant.*

Oui... joliment!...

STANISLAS, *lisant toujours tout bas et s'arrêtant.*

Il serait possible!... quoi! ce blanc-bec... c'était lui qu'elle regrettait... oui, c'est vraiment de l'amour..... ce malheureux-là l'aime autant que moi. (*se retournant et s'adressant brusquement à Michel qui est près de lui, les yeux baissés et tout tremblant.*) Eh bien! que me veux-tu?...

MICHEL.

Monsieur le militaire... je ne sais comment m'y prendre... pour vous dire... ou plutôt pour demander...

STANISLAS, *brusquement.*

Allons, parle...

MICHEL.

Eh bien! M. Stanislas, ce n'est pas de ma faute... on n'est pas maître de çà, et il ne faut pas que cela vous mette en colère... mais je crois... que... j'aime votre femme...

STANISLAS, *fait un geste de colère, se retient et lui montre la lettre.*

Je le sais... après...

MICHEL, *à part, toujours tremblant.*

Allons... il ne l'a pas pris aussi mal que je croyais, et

voilà toujours cela de passé... mais le reste, comment lui tourner?

STANISLAS, *avec impatience.*

Eh bien! parleras-tu?

MICHEL.

M'y voilà... monsieur le soldat... je voulais vous demander si cela vous serait égal... non, cela n'est pas cela... que je veux dire... çà ne peut pas vous être égal... mais si vous vouliez bien permettre qu'à son tour votre femme...

STANISLAS.

Eh bien!...

MICHEL.

M'aimât... un peu... (*vivement.*) rien qu'un peu... pas davantage... (*sur un geste menaçant de Stanislas, il tombe à genoux la face contre terre, Christine cherche à calmer Stanislas.*)Dieux! c'est fait de moi. (*il lève la tête en tremblant, et aperçoit Stanislas immobile et plongé dans ses réflexions.*) Eh bien!... il ne dit rien... comment il ne se fâche pas?

STANISLAS, *froidement.*

Ah!... et c'est à moi... que tu le demandes.

MICHEL, *tremblant encore, mais moins fort.*

Dam'... c'est tout naturel... comme étant là dedans le plus intéressé...

STANISLAS.

Et qui t'a engagé à t'adresser à moi?...

MICHEL, *regardant Christine.*

Faut-il le dire?... (*Christine fait signe que oui.*) C'est Christine elle-même... qui a dit que cela dépendait de vous... et que sans cela il n'y aurait pas moyen...

STANISLAS, *à part, avec expression.*

Allons... c'est bien... c'est très-bien... (*haut, et allant à Christine.*) Comment! Christine... c'est vous...

CHRISTINE.

Oui, Monsieur ; mais n'oubliez pas que vous êtes le maître de refuser... que vous avez mes sermens, et que quelques soient vos ordres... je suis prête à y souscrire... sans murmurer.....

STANISLAS.

Air : *Je t'aimerai.*

Sans murmurer,
Votre douleur amère
Frapp'rait mes yeux.... plutôt tout endurer...
Moi, j'y suis fait, c'est mon sort ordinaire.
Un vieux soldat sait souffrir et se taire
Sans murmurer.

Michel, arrive ici... tu me demandes donc la permission d'aimer Christine ?

MICHEL.

Oui, monsieur... si cela ne vous fâche pas.

STANISLAS.

Et tu me promets de la rendre heureuse ?

MICHEL, *à part.*

Quelle singulière question !... (*haut.*) Dame... je tâcherai.....

STANISLAS.

Et cependant tu n'as rien, tu ne possèdes rien... tandis que Christine est riche.

MICHEL.

Riche... c'est vrai... je n'y avais jamais pensé.

STANISLAS.

Eh bien ! prends ce portefeuille, et vas l'offrir à Christine : elle est à toi maintenant, et tu peux l'épouser.

MICHEL.

Epouser votre femme!...

STANISLAS.

Ma femme... elle ne l'a jamais été... c'est un bien qui ne m'appartenait pas. (*montrant le portefeuille.*) Celui - ci du moins, celui-ci, je peux en disposer.

AIR : *Des Amazones.*

C'était l'argent d'un brave militaire,
Qui pour la gloire et son pays,
Au champ d'honneur terminant sa carrière,
Comme un dépôt en mes mains l'a remis.
Du haut des cieux, ta demeure dernière,
Mon colonel, tu dois être content;
Je viens de faire des heureux, je l'espère;
Selon tes vœux j'ai placé ton argent.

CHRISTINE, *refusant le portefeuille.*

Et vous croyez que nous pourrions accepter... le reste de votre fortune!... jamais, n'est-ce pas, Michel?

MICHEL, *pleurant.*

Sans doute... ne m'avez-vous pas déjà donné plus que je n'osais l'espérer?...

STANISLAS.

Eh bien! mes enfans... eh bien! soit... gardez-le moi... l'argent convient mal à un soldat... si je reviens vous me donnerez une petite place au coin de votre feu... peut-être alors, Christine, aurai-je eu le courage de vous oublier? Eh bien! je vivrai avec vous; j'élèverai vos enfans, et je leur raconterai mes campagnes... Mais si, comme je le prévois... je dois bientôt rejoindre mon colonel, vous serez mes héritiers... et vous disposerez de cet argent-là comme vous le voudrez... Seulement quand il se présentera à votre porte un soldat blessé... malheureux, sans asile... accueillez-le pour l'amon de moi... et en mémoire de votre ancien ami... Adieu... adieu, je m'en vais...

MICHEL et CHRISTINE.

Quoi! vous nous quittez déjà?

(*On entend la marche militaire qu'on a exécuté à la première scène.*)

STANISLAS.

Oui; entendez-vous?... le devoir m'appelle; mon régiment se remet en marche.

(*Reprenant son sac et son fusil.*)

AIR : *De marche.* (*de M. Aymon.*)

Il faut quitter tout ce que j'aime;
La gloire ailleurs guide mes pas.

CHRISTINE.

Vous éloigner à l'instant même!
Eh quoi! vous ne m'embrassez pas?

STANISLAS, *revenant.*

De l'amitié que vous daignez m'promettre,
J'accept' ce gage désiré...

(*Il va pour l'embrasser, s'arrête, et se retournant d'un air timide du côté de Michel.*)

Mais à mon tour c'est moi qui vous dirai,
Si vous voulez bien le permettre.
Adieu!.. adieu... encore!... (*Il sort.*)

MICHEL, *le regardant partir.*

Ah! puisse au gré de mon envie
Tous ses jours être fortunés,
Car je n'oublierai de ma vie
Tous les trésors qu'il m'a donnés!

Mais je suivrai son exemple à la lettre
En mon ménage, en mes amours.
Madam' Michel, je vous dirai toujours,
Si vous voulez bien le permettre...

CHRISTINE, *au public.*

Michel, malgré l'bonheur suprême
Que le ciel vient d'nous accorder,
Nous avons encore ici même
Un' permission à demander.
A votre arrêt nous venons nous soumettre,
Car notre sort à tous les deux
Dépend de vous; et nous serons heureux,
Si vous voulez bien le permettre.

MICHEL ET CHRISTINE.

Ce soir, messieurs, nous allons être heureux,
Si vous voulez bien le permettre.

FIN.

RÉPERTOIRE

DU

THÉATRE DE S. A. R. MADAME,

PAR MM. SCRIBE, MÉLESVILLE, G. DELAVIGNE, SAINTINE, DUPATY, BRAZIER, CARMOUCHE, MAZÈRES, DE COURCY, VARNER, IMBERT, SAINT-LAURENT, BAYARD, DUPIN, ETC.

Le Théatre de Madame offre, dans son répertoire, une série exquise de petits chefs-d'œuvre. Ce choix, dont la publication obtient un favorable accueil, sera fait avec sévérité. Les éditeurs sont convaincus de répondre aux désirs du public, en ne lui offrant que les pièces qu'il a constamment honorées de ses suffrages. C'est donc le jugement seul du public qui a présidé à cette jolie collection, qui aura à la lecture autant de succès que sur la scène.

Cette collection est imprimée avec soin par Crapelet, sur papier vélin superfin. Le format grand in-32 a été choisi comme sympathisant singulièrement avec ces compositions gracieuses. Dix-huit livraisons ont paru : chaque livraison se vend 1 fr. On peut acquérir chaque pièce séparément.

PIÈCES QUI ONT PARU :

Le Mariage de Raison.
Michel et Christine.
La Lune de Miel.
L'Héritière.
La Demoiselle à Marier.
Le Charlatanisme.
Simple Histoire.
Le Baiser au Porteur.
La Chatte.
Rodolphe.
Le Coiffeur et le Perruquier.
La Quarantaine.
L'Ambassadeur.
La Belle-Mère.
La Mansarde des Artistes.
L'Intérieur d'un Bureau.
Le Diplomate.
L'Auberge, ou les Brigands sans le savoir *.

POUR PARAITRE INCESSAMMENT :

Une Visite à Bedlam *.
Le Solliciteur.
Les Adieux au Comptoir.
Les Élèves du Conservatoire.
Les Grisettes
La Haine d'une Femme.
La Maîtresse au Logis.
Le Bon Papa.
Le Confident.
Les Femmes Romantiques.
Un dernier Jour de Fortune.
Les Manteaux.
La Demoiselle et la Dame.
Le Médecin de Dames.
Le Menteur Véridique.
La Loge du Portier.
Le Plus Beau Jour de la Vie.
Les Premières Amours.
Vatel.
L'Oncle d'Amérique.
La Marraine.
Le Nouveau Pourceaugnac *.
Le Secrétaire et le Cuisinier.
Le Comte Ory *.
Yelva, ou l'Orpheline Russe.
Etc., etc., etc.

Une seconde édition du Mariage de raison vient de paraître, ornée d'une gravure par H. Monnier. Prix : 1 fr. 25 cent.

Les pièces marquées d'une * ont été jouées avec grand succès au Vaudeville.

A Paris, chez les éditeurs Pollet, rue du Temple, n. 36 ; Baudouin frères, rue de Vaugirard, n. 17 ; Barba, Palais Royal.

www.ingramcontent.com/pod-product-compliance
Ingram Content Group UK Ltd.
Pitfield, Milton Keynes, MK11 3LW, UK
UKHW020451180726
13839UKWH00004B/1760

9 782329 568218